essentials

AF383106

Essentials liefern aktuelles Wissen in konzentrierter Form. Die Essenz dessen, worauf es als „State-of-the-Art" in der gegenwärtigen Fachdiskussion oder in der Praxis ankommt. Essentials informieren schnell, unkompliziert und verständlich

- als Einführung in ein aktuelles Thema aus Ihrem Fachgebiet
- als Einstieg in ein für Sie noch unbekanntes Themenfeld
- als Einblick, um zum Thema mitreden zu können

Die Bücher in elektronischer und gedruckter Form bringen das Expertenwissen von Springer-Fachautoren kompakt zur Darstellung. Sie sind besonders für die Nutzung als eBook auf Tablet-PCs, eBook-Readern und Smartphones geeignet.

Essentials: Wissensbausteine aus den Wirtschafts, Sozial- und Geisteswissenschaften, aus Technik und Naturwissenschaften sowie aus Medizin, Psychologie und Gesundheitsberufen. Von renommierten Autoren aller Springer-Verlagsmarken.

Albert Scherr

# Diskriminierung

Wie Unterschiede
und Benachteiligungen
gesellschaftlich hergestellt werden

2., überarbeitete Auflage

Prof. Dr. Albert Scherr
Pädagogische Hochschule Freiburg
Institut für Soziologie
Freiburg
Deutschland

1. Auflage: Centaurus Verlag & Media 2012

ISSN 2197-6708                          ISSN 2197-6716 (electronic)
essentials
ISBN 978-3-658-10066-7                  ISBN 978-3-658-10067-4 (eBook)
DOI 10.1007/978-3-658-10067-4

Die Deutsche Nationalbibliothek verzeichnet diese Publikation in der Deutschen Nationalbibliografie; detaillierte bibliografische Daten sind im Internet über http://dnb.d-nb.de abrufbar.

Springer VS
© Springer Fachmedien Wiesbaden 2012, 2016
Das Werk einschließlich aller seiner Teile ist urheberrechtlich geschützt. Jede Verwertung, die nicht ausdrücklich vom Urheberrechtsgesetz zugelassen ist, bedarf der vorherigen Zustimmung des Verlags. Das gilt insbesondere für Vervielfältigungen, Bearbeitungen, Übersetzungen, Mikroverfilmungen und die Einspeicherung und Verarbeitung in elektronischen Systemen.
Die Wiedergabe von Gebrauchsnamen, Handelsnamen, Warenbezeichnungen usw. in diesem Werk berechtigt auch ohne besondere Kennzeichnung nicht zu der Annahme, dass solche Namen im Sinne der Warenzeichen- und Markenschutz-Gesetzgebung als frei zu betrachten wären und daher von jedermann benutzt werden dürften.
Der Verlag, die Autoren und die Herausgeber gehen davon aus, dass die Angaben und Informationen in diesem Werk zum Zeitpunkt der Veröffentlichung vollständig und korrekt sind. Weder der Verlag noch die Autoren oder die Herausgeber übernehmen, ausdrücklich oder implizit, Gewähr für den Inhalt des Werkes, etwaige Fehler oder Äußerungen.

Gedruckt auf säurefreiem und chlorfrei gebleichtem Papier

Springer Fachmedien Wiesbaden ist Teil der Fachverlagsgruppe Springer Science+Business Media
(www.springer.com)

# Was Sie in diesem Essential finden können

- Allgemeinverständliche Einführung zu Ausprägungen, Ursachen und Folgen von Diskriminierung;
- Einblick in die sozialen Ursachen von Abwertung. Feindbildern und Vorurteilen;
- Anregungen zum Engagement gegen Diskriminierung.

# Vorwort

Diskriminierung geschieht durch Unterscheidungen, die Unterschiede behaupten und in Ungleichheiten verwandeln.

Zwischen Deutschen und Ausländern, Einheimischen und Zugewanderten, ethnischen Gruppen und Religionen, Männern und Frauen, Heterosexuellen und Homosexuellen, Behinderten und Nicht-Behinderten, usw. – diese Auflistung ist nicht vollständig – werden Unterschiede angenommen, die Benachteiligungen ermöglichen und rechtfertigen sollen.

Durch Diskriminierung wird die Grenze zwischen dominanten und untergeordneten Gruppen, zwischen der Mehrheitsgesellschaft und Minderheiten, zwischen Normalität und unerwünschter Abweichung markiert.

Durch Diskriminierung wird Menschen der Status des vollwertigen und gleichberechtigten Mitmenschen bestritten, sie werden in Kategorien eingeordnet und ihnen werden negativ bewertete Eigenschaften zugeschrieben. Durch Diskriminierung werden Menschen in ihrer Selbstachtung beschädigt und werden sie in benachteiligte soziale Positionen verwiesen.

Wenn von Diskriminierung die Rede ist, dann geht es um die Kritik der Denkweisen, der Praktiken und der sozialen Verhältnisse, die zu Grenzziehungen, Abwertungen und Benachteiligungen führen.

Das Spektrum der in der Gegenwartsgesellschaft beobachtbaren Diskriminierungen umfasst – um nur einige Aspekte zu nennen – die Benachteiligung von Migrant/innen in Schulen und auf dem Arbeitsmarkt, die fortbestehende geschlechtsbezogene Arbeitsteilung in Familien und bei der Kindererziehung, die soziale Ausgrenzung von körperlich Behinderten und seelisch Beeinträchtigten, die Zurückweisung unerwünschter Migranten an den Außengrenzen der Europäischen Union, die skandalöse Unterbringung von Flüchtlingen in Sammelunterkünften – und nicht zuletzt auch offene Formen rechtsextremer und rassistischer Gewalt.

Von der Utopie einer Gesellschaft, in der Menschen *„nicht nach ihrer Hautfar-be, sondern allein nach ihrem Charakter beurteilt"* werden (Martin Luther King), in der jede/r *„ohne Angst verschieden sein kann"* (Theodor. W. Adorno) und in der jedem das Recht zugestanden wird, *„die eigene Identität zu wählen"* (Zygmunt Bauman), sind wir also ersichtlich noch weit entfernt.

Es ist deshalb erforderlich, sich mit den Erscheinungsformen und den Ursachen von Diskriminierungen auseinanderzusetzen. Dazu werden hier einige Überlegungen vorgestellt, die als Grundlage für gegen Diskriminierung gerichtete Praktiken und Strategien bedeutsam sind.

Dieses Essential wurde zuerst 2012 in der Reihe Pocket Apps unter dem Titel „Diskriminierung" im Centaurus Verlag veröffentlicht und für diese Neuauflage aktualisiert.

# Inhaltsverzeichnis

# Der Autor

 **Albert Scherr** geb. 1958, Prof. Dr. phil. habil., Diplom-Soziologe, lehrt und forscht am Institut für Soziologie der Pädagogischen Hochschule Freiburg. Er hat zahlreiche Buchveröffentlichungen, Forschungsberichte und Beiträge zu Fachzeitschriften publiziert, die sich mit unterschiedlichen Aspekten des Themas befassen. Ein Schwerpunkt liegt dabei auf Überlegungen zu den Erfordernissen, Möglichkeiten und Grenzen einer sozial gerechten Gestaltung der soziokulturell heterogenen Einwanderungsgesellschaft.

Albert Scherr ist Mitglied im Rat für Migration, im Herausgebergremium der Zeitschrift ‚Soziale Probleme' und Redaktionsbeirat der Zeitschrift ‚Sozial Extra'. Er engagiert sich als Vorstandsmitglied im Komitee für Grundrechte und Demokratie sowie als Vertrauensdozent der Gewerkschaft Erziehung und Wissenschaft und der Friedrich-Ebert-Stiftung.

# Einleitende Beobachtungen



In einer Studie zu den Ausbildungschancen Jugendlicher kamen wir zu dem Ergebnis, dass ca. 15 % der befragten Betriebe nicht bereit sind, Jugendliche islamischen Glaubens bei der Lehrstellenvergabe zu berücksichtigen und über 30 % die Einstellung kopftuchtragender Muslima als Auszubildende prinzipiell ablehnen. Bedeutsam ist hier aber weniger dieses Ergebnis selbst, sondern eine darauf bezogene Reaktion: Bei der Vorstellung der Daten in einem Kreis durchaus wohlmeinender Verbandsvertreter und Unternehmer wurde in der anschließenden Diskussion die Forderung an einen der Anwesenden, Besitzer mehrerer Lebensmittelgeschäfte, gerichtet, er möge doch den exemplarischen Schritt wagen, eine kopftuchtragende Muslima einzustellen. Seine Reaktion darauf war, dass ihm dies nun wirklich niemand zumuten könne. Schließlich könne er von seinen wirtschaftlichen Interessen nicht gänzlich absehen. Dieses Argument wurde vom Großteil der Anwesenden ohne weitere Kommentierung akzeptiert und insofern als ein zulässiges Argument betrachtet.

Wären die Reaktionen in gleicher Weise ausgefallen, wenn nach der Einstellung dunkelhäutiger Jugendlicher gefragt worden wäre? Würde es sozial in gleicher Weise akzeptiert, wenn ein türkischer Lebensmittelhändler öffentlich erklären würde, er könne leider niemanden einstellen, der sich zum Christentum bekennt? Ist dieses Beispiel exemplarisch für eine Diskrepanz zwischen einer weitgehend toleranten Grundhaltung einerseits, der praktischen Akzeptanz diskriminierender Verhältnisse und Praktiken im Alltag andererseits?

Zumindest im Hinblick auf die letztgenannte Frage sind in der empirischen Forschung deutliche Hinweise zu finden: Die Studie „Diskriminierung im Alltag" (Sinus 2008, S. 15 f.) kommt zu folgendem ernüchternden Ergebnis: *„Das Thema*

© Springer Fachmedien Wiesbaden 2016  
A. Scherr, *Diskriminierung, essentials*, DOI 10.1007/978-3-658-10067-4_1

*Diskriminierung und die Gleichbehandlung bzw. die Förderung benachteiligter Gruppen in unserer Gesellschaft brennen der Mehrheit der Deutschen nicht wirklich auf den Nägeln.*" Als ernst zu nehmendes Anliegen betrachtet werde allein die Diskriminierung von Frauen und von älteren Menschen. In Bezug auf Benachteiligungen „*aufgrund der Rasse, der Hautfarbe, der ethnischen Herkunft, der Religion oder Weltanschauung oder der sexuellen Identität*" würden jedoch „*wenn überhaupt häufig nur klischeehafte Bekenntnisse abgegeben*". Verbreitet sei dagegen die Haltung ‚Jeder ist sich selbst der Nächste'.

In zahlreichen anderen Studien (z. B. Decker et al. 2008; Heitmeyer 2012; Zick und Klein 2014) wird deutlich, dass ablehnende Haltungen und Ressentiments erheblichen Einfluss haben:

Einige Beispiele:

- Ca. 30 % der Bevölkerung stimmen der Aussage zu, dass „*die Bundesrepublik durch die vielen Ausländer in gefährlichem Maß überfremdet*" sei.
- Ca. 20 % sprechen sich dafür aus. Muslimen die Zuwanderung nach Deutschland zu verbieten.
- Fast 40 % äußern, dass ihnen „*ein Türke als Nachbar*" unangenehm wäre. Über 40 % äußern dies in Bezug auf Asylbewerber und über 10 % in Bezug auf Juden.
- Jede/r Dritte bejaht die Forderung, bettelnde Obdachlose aus Fußgängerzonen zu entfernen, fast ebenso viele die Forderung, Sinti und Roma aus Innenstädten zu verbannen.
- Über 50 % unterstellen, dass Langzeitarbeitslose kein wirkliches Interesse an Arbeit haben.
- Ca. 15 % bewerten Homosexualität als unmoralisch.

Damit ist darauf hingewiesen, dass beim Thema Diskriminierung nicht allein an die Haltungen der ca. 10–15 % der Bevölkerung zu denken ist, die sich in Umfragen offen zu einem rechtsextremen Weltbild bekennen. Folgenreiche Vorurteile sind erheblich weiter verbreitet. Sie werden zwar – und das ist eine wichtige positive Botschaft – von der Mehrheit überwiegend abgelehnt. Aber die Bereitschaft, sich aktiv gegen Praktiken und Strukturen zu wenden, die zu Diskriminierung führen, ist jenseits punktueller Ereignisse gleichwohl begrenzt.

Ist hierin eine Folge des Sachverhalts zu sehen, dass wir uns längst daran gewöhnt haben, dass Diskriminierung alltäglich geschieht, dass sie im Umgang mit unerwünschten Migranten auch staatlicherseits praktiziert wird und in zahlreichen Aspekten zur Normalität unserer Gesellschaft gehört?

Mit dieser Frage begibt man sich auf den abschüssigen Weg von Überlegungen, die in Resignation und Zynismus münden können. Gleichwohl ist es wichtig, sich dieser Frage zu stellen und weiter danach zu fragen, was jede/r selbst und im eigenen Umfeld dafür tun kann, solcher Gewöhnung zu entgehen. Und es gibt durchaus auch Anzeichen für positive Gegentendenzen, vor allem in Gestalt der zahlreichen lokalen und überregionalen Initiativen sowie der Institutionen, die es sich zur Aufgabe machen, aktiv gegen Diskriminierung und Rassismus vorzugehen.

# Alle verschieden, alle gleich? 2

Dass jede/r die gleichen Chancen und die gleichen Rechte haben soll, ist ein leicht einzusehender Grundsatz des modernen Verständnisses sozialer Gerechtigkeit. Denn für moderne Gesellschaften ist der Anspruch von zentraler Bedeutung, ein Zusammenleben freier und gleicher Bürger/innen zu ermöglichen. Bevorzugungen und Benachteiligungen gelten deshalb prinzipiell als problematisch und rechtfertigungsbedürftig.

Vor Gericht etwa soll sich niemand auf seinen Adelstitel, seine Religion oder seiner Hautfarbe berufen können, um ein milderes Urteil zu erhalten. Bildungstitel können nicht von den Eltern auf ihre Kinder vererbt, sie müssen durch eigene Leistung erworben werden. Deshalb stellt es einen Skandal dar, wenn wissenschaftliche Studien nachweisen, dass die Bildungschancen eines Kindes nicht allein von seiner individuellen Leistungsfähigkeit abhängig sind, sondern in erheblichem Umfang vom Einkommens- und Bildungsniveau seiner Eltern. Auch die erheblichen Einkommensunterschiede zwischen den Berufen sind keineswegs selbstverständlich, sondern rechtfertigungsbedürftig. Zu ihrer Begründung wird – dies in durchaus fragwürdiger Weise – auf unterschiedliche Qualifikationsvoraussetzungen und Leistungsanforderungen hingewiesen. Als unzulässig gilt es aber, wenn, wie dies tatsächlich der Fall ist, Frauen für gleichwertige Tätigkeiten schlechter bezahlt werden als Männer. Denn dies stellt eine Benachteiligung dar, für die sich keine guten Gründe angeben lassen.

An diesen Beispielen wird deutlich: In modernen Gesellschaften sollen – jedenfalls im Prinzip – gleiche Rechte und gleiche Chancen für jede/n gewährleistet sein. Ungleichheiten gelten nur dann als zulässig, wenn ihnen Unterschiede der individuellen Leistungsfähigkeit und Leistungsbereitschaft entsprechen.

© Springer Fachmedien Wiesbaden 2016

A. Scherr, *Diskriminierung*, essentials, DOI 10.1007/978-3-658-10067-4_2

Und darüber hinaus gilt: Elementare Lebensmöglichkeiten und grundlegende Rechte sollen für jede/n garantiert sein, ohne dass dies an irgendwelche Bedingungen geknüpft ist.

*„Alle Menschen sind frei und gleich an Würde und Rechten geboren"*, wird im Artikel 1 der Allgemeinen Erklärung der Menschenrechte (AEDM) formuliert. Die AEDM schließt an diesen Grundsatz ein prinzipielles Diskriminierungsverbot an:

> Jeder hat Anspruch auf alle in dieser Erklärung verkündeten Rechte und Freiheiten, ohne irgendeinen Unterschied, etwa nach Rasse, Hautfarbe, Geschlecht, Sprache, Religion, politischer oder sonstiger Anschauung, nationaler oder sozialer Herkunft, Vermögen, Geburt oder sonstigem Stand. (AEDM, Artikel 2)

In ähnlicher Weise wird im Grundgesetz sowie im deutschen Allgemeinen Gleichbehandlungsgesetz (AGG) festgestellt:

> Alle Menschen sind vor dem Gesetz gleich. Männer und Frauen sind gleichberechtigt. Der Staat fördert die tatsächliche Durchsetzung der Gleichberechtigung von Frauen und Männern und wirkt auf die Beseitigung bestehender Nachteile hin.
> Niemand darf wegen seines Geschlechtes, seiner Abstammung, seiner Rasse, seiner Sprache, seiner Heimat und Herkunft, seines Glaubens, seiner religiösen oder politischen Anschauungen benachteiligt oder bevorzugt werden. Niemand darf wegen seiner Behinderung benachteiligt werden. (Grundgesetz, Art. 3)
> Ziel des Gesetzes ist, Benachteiligungen aus Gründen der Rasse oder wegen der ethnischen Herkunft, des Geschlechts, der Religion oder Weltanschauung, einer Behinderung, des Alters oder der sexuellen Identität zu verhindern oder zu beseitigen. (AGG, Art. 1)

Auf die Unterschiede zwischen diesen Formulierungen und auf ihre Problematik wird im Weiteren noch einzugehen sein. Zunächst aber lässt sich festhalten: Mit dem Diskriminierungsverbot der Menschenrechte und seinen Entsprechungen im europäischen und deutschen Recht ist ein Maßstab gesetzt, der zu einer kritischen Betrachtung der gesellschaftlichen Realität herausfordert. Denn trotz aller moralischen und rechtlichen Grundsätze findet Diskriminierung alltäglich statt.

# Was heißt Diskriminierung?

**3**

In den zitierten Dokumenten werden unterschiedliche Gründe genannt, die zu Benachteiligungen führen können. Was kennzeichnet diese Gründe? Worin besteht die Gemeinsamkeit der genannten Kriterien („Rasse", Geschlecht, Religion usw.) und warum werden gerade diese als bedeutsam betrachtet? Sind die genannten Kriterien vollständig, oder gibt es noch andere Merkmale, die zu Diskriminierungen führen, dort aber nicht genannt werden? Und warum genügen die einschlägigen rechtlichen Vorgaben nicht, um Diskriminierung zu überwinden? Diese Fragen sind ohne einige theoretische Umwege und Klärungen nicht zu beantworten.

Auf den ersten Blick liegt es diesbezüglich nahe, in Hinblick auf die Ursachen auf gesellschaftlich verbreitete Vorurteile hinzuweisen, die dazu führen, dass Angehörige von Minderheiten mit alltäglichen Feindseligkeiten rechnen müssen oder Mädchen und Frauen keine Eignung für klassische „Männerberufe" zugetraut wird. Zweifellos ist es durchaus wichtig, sich mit der Entstehung, der Verbreitung und der Funktion von Vorurteilen auseinanderzusetzen. Ein gängiges Verständnis von Diskriminierung als Folge von Vorurteilen, die sich gegen bestimmte Menschengruppen richten sowie von herabsetzenden Äußerungen und benachteiligenden Handlungen, die aus diesen Vorurteilen hervorgehen, ist jedoch nicht ausreichend, um die Ursachen und Gründe von Diskriminierung zu verstehen. Denn es ist ja selbst erklärungsbedürftig, welche Vorurteile gesellschaftlich verbreitet sind. Darauf wird im nächsten Abschnitt noch näher eingegangen.

Zunächst aber zurück zur Frage, was unter Diskriminierung zu verstehen ist. Zu ihrer Beantwortung sind folgende Hinweise und Beobachtungen hilfreich:

© Springer Fachmedien Wiesbaden 2016

A. Scherr, *Diskriminierung,* essentials, DOI 10.1007/978-3-658-10067-4_3

- Diskriminierung basiert auf kategorialen, d. h. vermeintlich trennscharfen und eindeutigen Unterscheidungen, mit denen diejenigen markiert werden, die sich in irgendeiner Weise vom angenommenen Normalfall des vollwertigen Gesellschaftsmitglieds unterscheiden. Dieser angenommene Normalfall ist der erwachsene, männliche, physisch und psychisch gesunde Staatsbürger, der zudem kulturell (Sprache, Religion, Herkunft) und im Hinblick auf äußerliche Merkmale (Hautfarbe) der Bevölkerungsmehrheit bzw. der dominanten gesellschaftlichen Gruppe angehört.
- Die für Diskriminierungen bedeutsamen kategorialen Unterscheidungen sind Bestandteil historischer und gegenwärtiger gesellschaftlicher Machtverhältnisse und Ungleichheiten, keine bloßen gedanklichen Konstrukte.

Zur Verdeutlichung:

- Der klassische Rassismus war Bestandteil und Ausdruck der kolonialen Sklaverei; er entsteht als Rechtfertigung der wirtschaftlichen Ausbeutung und politischen Beherrschung derjenigen, die in die Sklaverei gezwungen wurden.
- Die Ideologie der angeborenen Unterschiede zwischen Männern und Frauen ist Ausdruck einer gesellschaftlichen Ordnung, die durch eine starre Aufteilung männlicher und weiblicher Bereiche und die politische, ökonomische und kulturelle Vorherrschaft von Männern gekennzeichnet war.

Die gesellschaftlichen Machtverhältnisse und Ungleichheiten, die mit Diskriminierungen einhergehen, sind historisch veränderlich. Der gesellschaftliche Wandel führt jedoch keineswegs automatisch dazu, dass Diskriminierungen überwunden werden. Dazu bedarf es gesellschaftlicher Lernprozesse, die vielfach durch soziale Bewegungen angestoßen und in sozialen Konflikten durchgesetzt werden.

Zur Verdeutlichung:

- Im Prozess der Industrialisierung verlor die Sklavenwirtschaft ihre wirtschaftliche Grundlage. Die Abschaffung der Sklaverei konnte, so in den USA, politisch aber erst im Rahmen eines Bürgerkriegs durchgesetzt werden; und erst durch die Bürgerrechtsbewegung der 1960er Jahre gelang es, die bis dahin strikte Rassentrennung aufzubrechen.
- Noch in der Allgemeinen Erklärung der Menschenrechte war die Benachteiligung von Homosexuellen nicht als Fall von Diskriminierung vorgesehen. Homosexualität wurde noch in den 1970er Jahren medizinisch als Krankheit betrachtet und ihre Ausübung strafrechtlich sanktioniert. Erst in den 1990er

Jahren konnte in Westeuropa im Rahmen der Kritik tradierter Familienkonzepte und Normierungen von Sexualität die Anerkennung unterschiedlicher sexueller Orientierungen gegen erhebliche Widerstände durchgesetzt werden, wobei es sich um einen immer noch nicht abgeschlossenen Prozess handelt.

- Sinti und Roma sind in Europa die am stärksten diskriminierte Minderheit. Vorurteile gegen Sinti und Roma sind nach wie vor weit verbreitet; sie sind jedoch nur selten Bestandteil von Aufklärungskampagnen, die sich gegen Rassismus wenden und die Ermordung von Sinti und Roma im Nationalsozialismus ist auch nur selten Bestandteil der historisch-politischen Erinnerungsarbeit.

Vor diesem Hintergrund kann festgestellt werden:

> ▶ Diskriminierung besteht in der gesellschaftlichen Verwendung kategorialer Unterscheidungen, mit denen soziale Gruppen und Personenkategorien gekennzeichnet und die zur Begründung und Rechtfertigung gesellschaftlicher (ökonomischer, politischer, rechtlicher, kultureller) Benachteiligungen verwendet werden. Durch Diskriminierung werden auf der Grundlage jeweils wirkungsmächtiger Normalitätsmodelle und Ideologien Personengruppen unterschieden und soziale Gruppen markiert, denen der Status des gleichwertigen und gleichberechtigten Gesellschaftsmitglieds bestritten wird.

Dies geht mit einer mehr oder weniger umfassenden Einschränkung der Anerkennung der Angehörigen dieser Gruppen als Individuen einher, die moralisch, politisch, rechtlich und kulturell als vollwertige Menschen betrachtet werden. In der Folge erscheint es in der Logik der Diskriminierung als zulässig, die Diskriminierten ökonomisch, politisch, rechtlich und kulturell zu benachteiligen, ihnen grundlegende Menschenrechte mehr oder weniger umfassend vorzuenthalten.

Das Problem, das durch Diskriminierung bearbeitet wird, besteht so betrachtet in der Begründung und Rechtfertigung von gesellschaftlichen Machtverhältnissen und Ungleichheiten sowie in der Aufrechterhaltung von damit verbundenen Normalitätsvorstellungen. Daraus folgt: Maßnahmen gegen Diskriminierung berühren Privilegien und gängige Denkweisen, sie sind also nicht in einem konfliktfreien Raum angesiedelt.

# Zugehörigkeitskonflikte und Positionskämpfe

**4**

*Was kennzeichnet diese Konflikte? In Bezug auf diese Frage sind zwei Aspekte zu unterscheiden:*

*Erstens* geht es um die Regulierung von Zugehörigkeit, also darum, wer als legitimes Mitglied eines sozialen Zusammenhanges, insbesondere des Nationalstaates oder einer Organisation (eines Betriebs, einer Schule, usw.) gelten kann. Diskriminierung geschieht folglich durch Zugangsbeschränkungen. Wer z. B. nicht über den richtigen Pass oder einen Aufenthaltstitel verfügt, darf sich nicht auf dem staatlichen Territorium aufhalten, findet keinen Zugang zum legalen Arbeitsmarkt und hat nur eingeschränkte Ansprüche auf Sozialleistungen.

Allerdings ist das Recht von Staaten, unerwünschte („illegale") Migrant/innen zu diskriminieren, inzwischen durch menschenrechtliche Vorgaben eingeschränkt. Auch Heranwachsende ohne legalen Aufenthaltstitel haben einen Rechtsanspruch auf Bildung und Einrichtungen der Gesundheitsvorsorge können sich weigern, Informationen an die Ausländerbehörden weiterzugeben,

Diskriminierende Zugangsbeschränkungen werden auch durch Betriebe und Schulen praktiziert. Dies geschieht jedoch nicht durch formelle und offizielle Festlegungen, sondern durch weniger offenkundige, subtilere Mechanismen, die in den Sozialwissenschaften als institutionelle Diskriminierung beschrieben werden. Zum Beispiel: Menschen mit erheblichen körperlichen Beeinträchtigungen finden dann keinen, oder jedenfalls nur einen erheblich erschwerten Zugang zu angemessenen Bildungs- und Arbeitsmöglichkeiten, wenn ihre besonderen Bedarfe durch die bauliche und technische Ausstattung ignoriert werden. (Siehe dazu weiter unten den Abschnitt ‚Diskriminierung durch Strukturen und Organisationen'.)

© Springer Fachmedien Wiesbaden 2016
A. Scherr, *Diskriminierung,* essentials, DOI 10.1007/978-3-658-10067-4_4

Diskriminierung steht somit in einem Zusammenhang mit den Konflikten zwischen denjenigen, die in einem jeweiligen Zusammenhang die Etablierten sind (den Staatsbürgern, der Stammbelegschaft, den Gymnasialeltern usw.) und den Außenseitern, die ihr Recht auf Teilhabe erst noch erkämpfen müssen.

*Zweitens* steht Diskriminierung im Zusammenhang mit Konflikten, in denen die Frage in Zentrum steht, welche soziale Position einer Gruppe in der Gesellschaft zusteht, ob sie berechtigt ist, auch privilegierte Positionen einzunehmen, oder aber nur benachteiligte Positionen. Diskriminierung ist also Bestandteil von Positionskämpfen. Durch diskriminierende Sichtweisen wird entsprechend behauptet, dass die Benachteiligung der Benachteiligten gerechtfertigt ist und den eigenen Vorstellungen einer guten Gesellschaft entspricht.

Ideologien, die Diskriminierung rechtfertigen sollen (Nationalismus, Rassismus, Sexismus usw.) folgen deshalb der gleichen Logik: Immer geht es darum, die bestehenden Privilegien und Benachteiligungen als gerechtfertigt, als Bestandteil einer guten sozialen Ordnung zu behaupten und als Folge angeblich unaufhebbarer Unterschiede zu „erklären".

Entsprechend spitzen sich Konflikte dann zu, wenn bislang benachteiligte Gruppen ihre Benachteiligung nicht länger akzeptieren.

Zur Verdeutlichung: Dass manche Frauen mit islamischer Religionszugehörigkeit ein Kopftuch tragen, war solange kein Thema öffentlicher Auseinandersetzungen, wie sie schlecht bezahlten und gering qualifizierten Tätigkeiten nachgingen. Erst seitdem sie auch andere Berufe anstreben, z. B. eine Tätigkeit als Lehrerin, wird das islamische Kopftuch zum Gegenstand massiver Kontroversen. Mit dem Verweis auf die angebliche kulturelle Rückständigkeit kopftuchtragender Muslima wird dabei versucht, deren Anspruch auf sozialen Aufstieg als unberechtigt darzustellen.

## 4.1  Vorurteile als Bestandteil sozialer Konflikte

In einer wichtigen Studie haben Norbert Elias und John L. Scotson (1965) aufgezeigt, dass Vorurteile nicht einfach ein falsches Denken, sondern Bestandteil sozialer Konflikte sind. In ihrer für das Verständnis von Diskriminierung wichtigen Betrachtung nehmen sie eine Umkehrung der gängigen Sichtweise vor: Diskriminierende Einstellungen und Praktiken sind demnach keine Folge individueller Vorurteile. Vielmehr sind individuelle Vorurteile selbst ein Ausdruck und eine Folge sozialer Konflikte.

Diesen möglicherweise irritierenden Gedanken kann man sich wie folgt verdeutlichen: Jede/r kann prinzipiell alle denkbaren Vorurteile haben. Er/sie könnte z. B. davon überzeugt sein, dass grauhaarige Menschen eine schlimme Infektionskrankheit in sich tragen und es deshalb unbedingt zu vermeiden ist, mit Grauhaarigen in Berührung zu kommen. Würde er/sie dieses Vorurteil öffentlich äußern und andere davon zu überzeugen versuchen, dann wären aber ablehnende Reaktionen wahrscheinlich. Man würde ihn/sie milde belächeln, usw. Daran wird deutlich: Vorurteile sind nur dann einflussreich, wenn sie sozial anschlussfähig sind, wenn sie an im jeweiligen Zusammenhang gängige Sichtweisen anknüpfen können.

Wann und wie entstehen nun diese sozialen Vorurteile? Zweifellos spielen Tradierungen, die Weitergabe älterer Vorurteile an Kindern und Jugendliche in Familien, Verwandtschaften, durch Medien usw. eine erhebliche Rolle. Elias und Scotson (1965, S. 14) weisen darüber hinaus aber auf den eigentlichen Entstehungsort von Vorurteilen und ihre soziale Bedeutung hin:

> Andere Gruppen als minderwertig abzustempeln, ist eine der Waffen, die überlegene Gruppen in einem Machtbalance-Kampf verwenden, zur Behauptung ihrer sozialen Überlegenheit.

Vorurteile sind so betrachtet ein Mittel der Privilegierten zur Verteidigung ihrer Privilegien. Das Machtungleichgewicht besteht dabei auch in der Fähigkeit, eigene Vorurteile zu verbreiten und durchzusetzen zu können, etwa dadurch, dass man über prominente politische Positionen, Kontakte zu medialen Meinungsführern und Einflussmöglichkeiten auf schulischen Unterricht verfügt.

Wer durch Diskriminierung in eine benachteiligte Position verwiesen ist, wird damit auch besonders leicht zum Objekt von Vorurteilen. Denn warum sind manche Vorurteile so schwer zu überwinden? Weil es sich nicht einfach nur um falsche Annahmen handelt, die durch Argumente widerlegt werden können, sondern um eine durchaus nicht immer leicht zu durchschauende Umkehrung: Vorurteile können dann leicht mit wirklichen Erfahrungen verwechselt werden, wenn sie sich, wenn auch grob vereinfachend, auf sichtbare Auswirkungen von Benachteiligungen beziehen. Die trickreiche Logik des Vorurteils besteht dann darin, Folgen sozialer Benachteiligung als Eigenschaften von Benachteiligten und diese Eigenschaften als Ursachen ihrer Situation zu behaupten.

Also etwa: Wer durch Arbeitslosigkeit dazu gezwungen ist, seine Zeit ohne Arbeit zu verbringen, dem wird vorgeworfen, kein Interesse an Arbeit zu haben, faul zu sein und deshalb keine Arbeit zu finden. Und wer sich in einer benachteiligten sozialen Position befindet, hat in der Regel auch wenig Möglichkeiten, solchen Zuschreibungen aktiv zu widersprechen.

## 4.2   Die selbstfüllende Prophezeiung

Eine ähnlich trickreiche Wirkungsweise von Vorurteilen hat der amerikanische Soziologe Robert K. Merton (1949) als ‚selbsterfüllende Prophezeiung' beschrieben. Er verdeutlicht dies u. a. an folgendem Beispiel, das unschwer auf den gegenwärtigen Umgang mit eingewanderten Minderheiten zu übertragen ist:

> Wenn also die herrschende Eigengruppe glaubt, dass die Schwarzen minderwertig sind, und zusieht, dass der Bildungsetat ‚nicht an solche Nieten verplempert wird', und als endgültigen Beweis dieser Minderwertigkeit verkündet, dass der Anteil der College-Absolventen bei den Schwarzen ‚nur' ein Fünftel des Anteils der Weißen beträgt, kann dieser durchsichtige Taschenspieltrick kaum noch verblüffen. (S. 95)

Diskriminierung erzeugt so betrachtet – z. B. durch politische Entscheidungen – die „Tatsachen", die in einer vorurteilsbehafteten Sichtweise Ursache des „Versagens" der Benachteiligten sind. Dies wird dadurch unsichtbar gemacht, dass der soziale Prozess, durch den Benachteiligungen und ihre Folgen entstehen, ausgeblendet wird. Dies ermöglicht es zu behaupten, dass es an den Betroffenen selbst liege und auf Veränderungen zielende Anstrengungen deshalb sinnlos seien. Als „Beweis" dafür herangezogen werden – oft überzogene, immer aber unzulässig verallgemeinernde – Hinweise auf die direkten und indirekten Folgen von Benachteiligungen. Dadurch gelingt es, Vorurteile als die eigentlich realistische Sicht der Dinge zu inszenieren.

Diesen eigentlich durchsichtigen Taschenspielertrick scheint ein auflagenstarker Autor, der Deutschlands Selbstabschaffung befürchtet (T. Sarrazin), immer noch nicht verstanden zu haben, wenn er die Folgen der gesellschaftlichen Benachteiligung von Migrant/innen mit den Eigenschaften verwechselt, die er ihnen zuschreibt.

Robert K. Merton weist noch auf einen weiteren wichtigen Aspekt hin: Was immer die Diskriminierten auch tatsächlich tun, sie können nicht vermeiden, dass sie weiterhin Objekt negativer Bewertungen sind. Denn gleiche Handlungen, können, in Abhängigkeit von jeweiligen Interessen und Vorannahmen, ganz unterschiedlich bewertet werden. Dies erläutert er in Bezug auf eines der Stereotype des klassischen Antisemitismus:

> Lincoln arbeitete bis tief in die Nacht? Das belegt, dass er fleißig resolut, ausdauernd und stets bereit war, seine Fähigkeiten bis zum Äußersten anzuspannen. Die Außenseiter – Juden oder Japaner – haben ebensolche Arbeitszeiten? Das zeugt nur von ihrer Ausbeutermentalität (…), ihren unlauteren Wettbewerb. Der Eigengruppenheros ist genügsam, sparsam und lässt nichts verkommen? Dann ist der Außenseiterschurke knickrig, kleinlich und ein Pfennigfuchser. (S. 97)

Ergänzend ist knapp auf psychologische Aspekte hinzuweisen: Vorurteile können für Individuen wichtige psychische Funktionen erfüllen: Sie entlasten das Denken, ermöglichen es, sich in der Wirklichkeit mit einfachen Denkmodellen zurechtzufinden. Als abwertende Sichtweisen über Andere tragen sie zudem zur Stärkung des Selbstwertgefühls bei. Wer vorurteilshaft auf Andere herabsieht, erhöht sich selbst. Psychologisch betrachtet ist es deshalb naheliegend anzunehmen, dass Menschen generell anfällig für Vorurteile sind. In Studien der sozialpsychologischen Vorurteilsforschung wurde zudem nachgewiesen, dass Vorurteile zwischen der Eigengruppe und Fremdgruppen insbesondere in Gruppenkonflikten sehr leicht entstehen. Denn in der Konkurrenz zwischen Gruppen geht es immer auch darum, wer der besseren und wer der schlechteren Gruppe angehört. Die Abwertung der Fremdgruppe und die damit einhergehende positive Bewertung der Eigengruppe stärkt das Selbstwertgefühl und ist deshalb attraktiv. Zudem stärkt die vorurteilshafte Abgrenzung das Zusammengehörigkeitsgefühl.

Vor dem Hintergrund der oben genannten Aspekte lässt sich aber feststellen: Es genügt nicht, durch Erziehung und Bildung an den individuellen Vorurteilen anzusetzen. Denn so lange diskriminierende Strukturen und Praktiken wirksam sind, entsteht auf Seite der Privilegierten ein Bedarf an Vorurteilen und befinden sich die Benachteiligten in einer Situation, in der ihre Möglichkeiten der Gegenwehr begrenzt sind.

# Rassenkonstruktionen und andere Konstruktionen 5

Im bisherigen Text wurde – in Bezug auf Frauen und Männer, Ethnien usw. – von „Gruppen" und ihren „Angehörigen" gesprochen. Dies ist nicht nur in den Medien und der politischen Kommunikation, sondern auch in den Sozialwissenschaften üblich. Es handelt sich jedoch um eine problematische Vereinfachung, die es zu hinterfragen gilt.

> ► Denn Diskriminierung besteht nicht nur darin, dass diskriminierende Unterscheidungen auf ohnehin bestehende Gruppen und ihre Angehörigen bezogen werden und mit der Zuschreibung negativer Eigenschaften einhergehen. Diskriminierung umfasst vielmehr eine darüber hinausgehende Dimension: die Zuschreibung von Zugehörigkeit.

Das Problem besteht auch darin, dass bereits die Kategorien selbst und die Zuordnung zu einer kategorial unterschiedenen Gruppe, zumindest in einigen Fällen, Teil des Problems ist.

Dies lässt sich am einfachsten am Fall von Rassismus verdeutlichen: Die Vorstellung, dass es Rassen gibt und dass Menschen sich in Rassen unterteilen lassen, die man an ihrem äußeren Erscheinungsbild erkennt, ist keine neutrale Beschreibung der Wirklichkeit, sondern selbst Ausdruck von Rassismus.

Diese Einsicht lässt sich mit zwei einfachen und zwingenden Argumenten begründen: Erstens sind die äußerlichen Unterschiede zwischen Menschen vielfältig und graduell, es handelt sich nicht um klare und trennscharfe Grenzlinien.

© Springer Fachmedien Wiesbaden 2016
A. Scherr, *Diskriminierung*, essentials, DOI 10.1007/978-3-658-10067-4_5

Nur wer in eine rassistische Wahrnehmungsweise eingeübt ist, sieht deshalb das, was er zu sehen gelernt hat: nach rassistischen Kriterien einordenbare Menschen. Zweitens ist vielfach nachgewiesen, dass es keine Zusammenhänge zwischen der Hautfarbe und anderen äußerlichen Merkmalen und den sonstigen Eigenschaften von Menschen gibt. Folglich ist es – jenseits rassistischer Strukturen, Ideologien und Praktiken – sozial, politisch, kulturell usw. völlig belanglos, welche Hautfarbe jemand hat. Deshalb ist die Annahme unterschiedlicher Menschenrassen sinnlos. Der Glaube an die Existenz von Rassen sowie der damit einhergehende Glaube an die eindeutige Zuordenbarkeit ist also selbst Bestandteil des Rassismus – und dies auch ganz unabhängig davon, wie genau „Rassen" jeweils unterschieden werden und welche Eigenschaften ihnen zugeschrieben werden. Rassismus besteht so betrachtet in der Konstruktion von Rassenunterschieden, in der Einübung in diesen entsprechende Wahrnehmungen sowie in Strukturen und Praktiken, die zur Segregation, der sozialen Trennung der rassistisch Klassifizierten und zur Etablierung rassistischer Hierarchien führen. Rassismus setzt Menschen weiter dem Zwang aus, sich in eine rassistische Kategorie einordnen zu lassen und führt dazu, dass sie als Angehörige dieser Kategorie wahrgenommen werden.

Rassistische Diskriminierung besteht folglich auch nicht allein darin, dass rassistisch Klassifizierten minderwertige Eigenschaften zugeschrieben werden, die ihre politische und kulturelle Unterdrückung und ihre ökonomische Ausbeutung rechtfertigen sollen. Die darüber hinausgehende sozialpsychologische Dimension rassistischer Diskriminierung hat Alfred Schütz (1957, S. 210 f.) als ein „*Gefühl der Erniedrigung*" beschrieben, das „durch die Gleichsetzung der ganzen Persönlichkeit des Individuums oder breiter Schichten derselben" mit den vermeintlichen Eigenschaften der Kategorie verursacht wird.

Das heißt: Wer in eine rassistische Kategorie eingeordnet wird, wird dadurch als Individuum unsichtbar, er wird nicht als besondere Person, sondern nur als Vertreter seiner Kategorie wahrgenommen. Ihm/ihr wird die Möglichkeit genommen, die eigene Identität zu definieren, er/sie wird definiert. Dabei fungiert die rassistische Zuordnung als Zuweisung eines Masterstatus. Das heißt: Sie wird als die zentral bedeutsame Kategorie wirksam, die – in der Perspektive des Rassismus – vorrangig gegenüber anderen Aspekten der Person ist.

Diese Problematik der beschämenden Entpersönlichung wird in Berichten über Diskriminierungserfahrungen von Migrant/innen immer wieder deutlich. Sie verbindet sich mit dem Gefühl, z. B. durch Fragen nach der eigenen Abstammung und Äußerungen oder Anmerkungen zu den erstaunlich guten Kenntnissen der deutschen Sprache, immer wieder durch herkunftsbezogene Zuschreibungen definiert zu werden. Damit wird Individuen das Recht bestritten, selbst entscheiden zu können, wie sie sich selbst definieren möchten.

Darin, dass die Wahrnehmung der Person hinter kategoriale Zuordnungen zurücktritt, ist ein Problem auch anderer Gruppen zu sehen, die von Diskriminierung betroffen sind, so etwa von Menschen mit sichtbaren Behinderungen.

Lassen sich diese am Fall Rassismus entwickelten Überlegungen verallgemeinern und auf andere Dimensionen von Diskriminierung übertragen? Kann, etwa in Bezug auf die Kategorien des Allgemeinen Gleichbehandlungsgesetzes (ethnische Herkunft, Geschlecht, Religion, Weltanschauung, Behinderung, Alter, sexuelle Identität) in gleicher Weise angenommen werden, dass es sich um Konstrukte handelt, die ihre eigene Wirklichkeit erst hervorbringen?

Um diese Fragen zu beantworten, wäre eine genaue Betrachtung der jeweiligen Dimensionen erforderlich, die hier nicht vorgenommen werden kann. Es kann nur knapp zum einen darauf hingewiesen werden, dass es – jedenfalls im Fall von Ethnie und Geschlecht – unverzichtbar ist, die Annahmen zu kritisieren, dass die ethnische Herkunft oder die Zuordnung zu einem biologischen Geschlecht für das Empfinden, Denken und Handeln von unmittelbarer und direkter Bedeutung sind sowie dass die Gemeinsamkeiten und Unterschiede von ethnischen Gruppen bzw. von Geschlechtern eine schlicht gegebene und primär bedeutsame Tatsache seien.

So kann zum Beispiel keineswegs als selbstverständlich unterstellt werden, dass die nationale oder ethnische Abstammung für Migrant/innen in der Einwanderungsgesellschaft bedeutsam ist. Denn ob sich jemand noch mit den Gewohnheiten und Traditionen seiner Großeltern und Eltern identifiziert, oder dazu in Distanz geht, steht im Fall von Migrant/innen ebenso wenig fest, wie im Fall von Einheimischen. Und in Bezug auf Geschlecht gibt es vielfältige Gründe dafür, jede Annahme über vermeintlich naturgegebene Eigenschaften als Ausdruck einer Geschlechterideologie zu betrachten, die soziale Festlegungen verschleiert und rechtfertigt.

In Bezug auf Geschlecht und sexuelle Orientierungen hat sich seit den 1960er Jahren ein erheblicher und folgenreicher, wenn auch immer noch unabgeschlossener gesellschaftlicher Lernprozess vollzogen: Ein erheblicher Teil der tradierten Annahmen über vermeintlich naturgegebene Eigenschaften von Mädchen und Frauen, Jungen und Männern sind infrage gestellt und ver-lernt worden. An deren Stelle ist die Einsicht getreten, dass biologische Unterschiede jedenfalls erheblich geringere Bedeutung haben, als bis dahin geglaubt wurde. Und dies hat dazu beigetragen, dass Mädchen und Frauen Chancen eröffnet wurden, die ihnen bis dahin verschlossen waren. In der Folge ist es z. B. möglich geworden, dass schulische Bildungsungleichheiten zwischen Mädchen und Jungen weitgehend überwunden wurden; Mädchen erreichen inzwischen nicht nur gleiche, sondern bessere schulische Bildungsabschlüsse als Jungen.

> ► Eine konsequente Kritik ist vor dem Hintergrund der skizzierten Überlegungen darauf verwiesen, die Unterscheidungen selbst zu hinterfragen – und nicht nur die damit verbundenen Eigenschaftszuschreibungen – die als Begründung und Rechtfertigung von Diskriminierungen bedeutsam sind.

Hieraus kann zwar nicht die Folgerung gezogen werden, dass alle diskriminierungsrelevanten Unterscheidungen in dem Maß an Bedeutung verlieren werden, wie sich gesellschaftlich die Einsicht durchsetzt, dass es sich, wie im Fall von Rassenkonstruktionen, um bloß ideologische, durch nichts rechtfertigbare Konstrukte handelt. Im Fall von schweren körperlichen Behinderungen und seelischen Beeinträchtigungen etwa genügt es ersichtlich nicht, Ideologien zu kritisieren und Vorurteile zu überwinden. Die Einsicht etwa, dass die Grenzen zwischen psychischer Gesundheit und psychischer Krankheit durchaus weniger klar und trennscharf sind, wie behauptet wurde und immer noch wird, ist zwar zweifellos ein erster wichtiger Schritt. Diese Einsicht hat es ermöglicht, Formen einer gemeindenahen Versorgung psychisch Kranker oder der inklusiven Beschulung körperlich und seelisch Beinträchtiger überhaupt erst denkbar zu machen. Erforderlich ist es darüber hinausgehend, Bedingungen zu verändern, die es ermöglichen, gängige Formen der Ausgrenzung und Benachteiligung zu überwinden. Dies betrifft zum Beispiel die räumliche Gestaltung von Schulen und ihre personelle Ausstattung mit Fachkräften, die für den Umgang mit Schüler/innen mit besonderem Förderungsbedarf ausgebildet sind.

# Diskriminierung aufgrund guter Absichten



Im Fall von Rassismus, Sexismus und Homophobie ist aus heutiger Perspektive leicht zu erkennen, dass es sich um Ideologien handelt, die durch nichts zu rechtfertigen sind. Rückblickend zeigt sich aber in diesen und anderen Fällen, dass es ein langwieriger und konflikthafter Prozess war, in dem sich diese Einsicht, und dies gegen erhebliche Widerstände, durchgesetzt hat. Leben wir inzwischen nunmehr aber in einer wirklich aufgeklärten Gesellschaft, in der alle Ideologien, die zur Begründung und Rechtfertigung von Diskriminierungen herangezogen werden, überwunden sind? Ist der gesellschaftliche Lernprozess abgeschlossen und ist es „nur" noch erforderlich, daraus auch die praktischen Konsequenzen zu ziehen sowie die Minderheit derjenigen zu überzeugen, die noch von den überholten Sichtweisen überzeugt sind?

Gegen eine solche optimistische Sichtweise müssen zumindest zwei Einwände berücksichtigt werden: Erstens ist die Liste der folgenreichen Benachteiligungen, die gegenwärtig als nicht akzeptable Diskriminierung zum Thema werden, durchaus unvollständig. Darauf wird im Weiteren noch einzugehen sein (s. dazu den Abschnitt ‚Fortschritte und Ausblendungen'). Zweitens ist es auch gegenwärtig noch durchaus umstritten, ob tatsächlich alle Formen von Diskriminierung, die zu Benachteiligungen führen und Menschen in ihrem Recht auf Selbstbestimmung einschränken, überwunden werden sollen.

Dies zeigt sich gegenwärtig in besonderer Weise im Umgang mit dem Islam. Zwar ist das Recht auf Freiheit der Religionsausübung prinzipiell unstrittig. Auch Muslimen wird die Berechtigung nicht bestritten, sich zu ihrer Religion zu bekennen und diese auszuüben. Immer wieder führen aber öffentlich sichtbare Ausdrucksformen – der Bau von Moscheen und das Tragen des islamischen Kopftu-

© Springer Fachmedien Wiesbaden 2016

A. Scherr, *Diskriminierung*, essentials, DOI 10.1007/978-3-658-10067-4_6

ches – zu Abwehrhaltungen. Und diese sind nicht allein Ausdruck einer offenkundig vorurteilshaften Islamfeindlichkeit. Insbesondere in der Ablehnung des Rechts von Lehrerinnen, in der Schule das islamische Kopftuch tragen zu dürfen sowie in den Debatten über kopftuchtragende muslimische Mädchen und Frauen wird Ablehnung auch mit moralisch durchaus guten Absichten begründet: Das islamische Kopftuch gilt dann als Symbol für die rückständige religiöse Überzeugung, dass Frauen nicht die gleichen Rechte haben sollen wie Männer. In dieser Sichtweise führt das Interesse, die Diskriminierung von Mädchen und Frauen zu überwinden, zur Rechtfertigung der Forderungen, dass das Kopftuch als Symbol der Unterdrückung muslimischer Mädchen und Frauen in öffentlichen Einrichtungen nicht zulässig sein soll.

Diese Position ist nicht allein deshalb abzulehnen, weil sie zu einem merkwürdigen Bündnis emanzipatorischer feministischer Anliegen mit einem ganz konservativen Festhalten an der Idee einer privilegierten Stellung des Christentums sowie mit offen islamfeindlichen Haltungen führt. Denn die gute Absicht, für gleiche Rechte von Mädchen und Frauen einzutreten, geht hier *erstens* mit einer hoch vorurteilshaften Sichtweise des Islams und des islamischen Kopftuchs einher: Sie verkennt, dass es auch unter Muslimen sehr unterschiedliche Sichtweisen über die gesellschaftliche Rolle von Frauen gibt; und sie ignoriert, dass das Tragen des islamischen Kopftuches keineswegs zwangsläufig Ausdruck einer unemanzipierten Haltung ist. Wissenschaftliche Studien haben demgegenüber auf die unterschiedliche Bedeutung hingewiesen, die das islamische Kopftuch für seine Trägerin haben kann.

Zur Verdeutlichung: An deutschen Hochschulen trifft man auf junge Frauen muslimischen Glaubens, die den mühsamen Weg von der Tochter einer eingewanderten Arbeiterfamilie zur Studentin bewältigt haben. Fragt man diejenigen, die das Kopftuch tragen, nach ihren Gründen, dann lautet die Antwort etwa wie folgt: Dass man als Tochter einer türkischstämmigen Arbeiterfamilie ein Studium an einer deutschen Hochschule aufgenommen hat, ist für die Familie mit vielen Hoffnungen, aber auch mit Ängsten verbunden. In dieser Situation auch noch das Kopftuch abzulegen, würde die Befürchtung der Eltern, die Tochter werde sich von der Familie entfremden, noch verstärken. Warum sollte dies den Eltern zugemutet werden? Und warum überhaupt das Kopftuch ablegen? Warum erkennt die deutsche Gesellschaft die Aufnahme und die erfolgreiche Bewältigung des Studiums nicht als ausreichenden Nachweis für den eigenen Integrationswillen an? Muss man sich in Deutschland überanpassen, um als gleichberechtigtes Gesellschaftsmitglied gelten zu können?

Daran wird deutlich: Die Gleichsetzung des islamischen Kopftuchs mit einer unemanzipierten Haltung ist ein Vorurteil. Es ist keineswegs klar, in welchem

Sinn das Tragen des Kopftuchs Ausdruck der Akzeptanz eines traditionellen Geschlechterverständnisses ist, oder aber gerade Ausdruck einer selbstbewussten und selbstbestimmten Haltung muslimischer Mädchen und Frauen in der Einwanderungsgesellschaft. Wer also tatsächlich wissen will, warum manche Mädchen und Frauen das muslimische Kopftuch tragen, sollte sie danach fragen, statt ihnen eine rückständige Haltung zu unterstellen.

*Zweitens* ist es widersprüchlich zu versuchen, emanzipatorische Interessen gegen die Betroffenen selbst durchzusetzen, sie durch Verbote und Sanktionen erzwingen zu wollen. Wenn es darum gehen soll, traditionelle Einschränkungen der Rechte und Chancen von Mädchen und Frauen zu überwinden, dann ist es vielmehr angemessener, Mädchen und Frauen in ihren Bestrebungen auf Selbstbestimmung zu ermutigen und zu unterstützen.

*Drittens* kann eine Kritik geschlechtsbezogener Diskriminierung zwar nicht davon absehen, allen, auch religiösen Rechtfertigungsversuchen zu widersprechen. Die Vermischung einer emanzipatorischen Haltung mit einer diffusen Islamkritik ist dazu aber wenig geeignet:Sie stellt muslimische Mädchen und Frauen vor die Scheinalternative, entweder selbstbestimmte Mädchen und Frauen zu sein und deshalb keine Muslima sein zu können, oder aber Muslima zu sein und deshalb emanzipatorische Vorstellungen ablehnen zu müssen. Erforderlich ist demgegenüber eine Anerkennung der Tatsache, dass der Islam kein einheitliches, in sich geschlossenes und frauenfeindliches Dogma ist, sondern eine Religion, die unterschiedliche Deutungen und Praktiken zulässt. Erst auf dieser Grundlage ist ein Dialog mit Muslimen möglich, der die Gesprächspartner/innen als wirkliche Dialogpartner anerkennt und sie nicht auf die Rolle des unaufgeklärten Opfers einer rückständigen religiösen Ideologie reduziert.

# Diskriminierung durch Strukturen und in Organisationen

**7**

Als Diskriminierung werden in der Regel vor allem vorurteilsbehaftete Sichtweisen, herabsetzende Äußerungen und benachteiligende Handlungen thematisiert. Diskriminierung ist so betrachtet die Folge von Handlungen, es sind Einzelne oder Gruppen, die diskriminieren. Damit ist zweifellos eine wichtige Dimension von Diskriminierung benannt. Weiter oben wurde aber bereits darauf hingewiesen, dass diskriminierende Einstellungen und Praktiken nicht zureichend verstanden werden können, wenn die gesellschaftlichen Strukturen und Konflikte vernachlässigt werden, in denen diskriminierende Handlungen entstehen und bedeutsam sind. Aufgezeigt wurde, dass Vorurteile besser als Folge gesellschaftlicher Strukturen und Ideologien, denn als davon isolierbare Ursache von Diskriminierung zu verstehen sind. Daran anknüpfend ist hier auf eine weitere Problematik einzugehen, die in den Sozialwissenschaften als strukturelle bzw. institutionelle Diskriminierung bezeichnet wird.

Dem liegt die Beobachtung zu Grunde, dass die systematische Benachteiligung sozialer Gruppen nicht schon dadurch überwunden wird, wenn offenkundig diskriminierende Äußerungen und Handlungen nicht mehr stattfinden bzw. gesellschaftlich sanktioniert werden.

Denn Diskriminierung ist nicht nur eine Folge individueller Einstellungen und Handlungen. Diskriminierung kommt vielmehr – in einer Weise, die schwerer erkennbar, aber gleichwohl hoch folgenreich ist –, auch dadurch zustande, dass gesellschaftliche (ökonomische, politische und rechtliche usw.) Strukturen zur Verfestigung von Benachteiligungen führen sowie durch in den gesellschaftlichen Organisationen, in Schulen, Betrieben, öffentliche Verwaltungen usw. übliche Verfahrensweisen, denen keine diskriminierenden Absichten zu Grunde liegen.

© Springer Fachmedien Wiesbaden 2016

A. Scherr, *Diskriminierung,* essentials, DOI 10.1007/978-3-658-10067-4_7

Wie dies geschieht, soll hier exemplarisch in Bezug auf die Diskriminierung von Eingewanderten im deutschen Bildungssystem erläutert werden (dazu ausführlicher Hormel und Scherr 2005; Gomolla und Radtke 2009):

Dazu ist es zunächst wichtig sich zwei durch zahlreiche wissenschaftliche Studien nachgewiesene Sachverhalte klar zumachen:

- Die Chancen des schulischen Erfolgs sind in hohem Maß abhängig von der sozialen Herkunft. Kinder aus Familien mit einem Hochschulabschluss haben bessere schulische Erfolgschancen als Kinder aus nicht-akademischen Elternhäusern. Dies ist nicht zuletzt deshalb der Fall, weil die schulische Leistungsfähigkeit eines Kindes nicht nur von dem abhängt, was es in der Schule selbst lernt, sondern auch davon, was vor und neben der Schule gelernt werden kann, also in der Familie und im sozialen Umfeld. Z. B. werden sprachliche Fähigkeiten, die für den Schulerfolg insgesamt von hoher Bedeutung sind, zu einem erheblichen Teil nicht in der Schule selbst erworben. Schulen sind nur begrenzt in der Lage, diese herkunftsbedingten Unterschiede auszugleichen.
- Die Drei- bzw. Viergliedrigkeit des deutschen Schulsystems (Sonder- und Förderschulen, in manchen Bundesländern Hauptschulen, mittlere Bildungsgänge, Gymnasien) stellt eine Struktur dar, die besonders schlecht dazu geeignet ist, die herkunftsbedingten Unterschiede möglichst weitgehend auszugleichen. Denn in den unterschiedlichen Schultypen finden Schüler/innen ungleiche Lernchancen vor. Nach der Grundschule wird Ungleichheit folglich strukturell verstärkt. Zudem ist es nicht nur schwerer, von einem Schultypus in den nächst höheren aufzusteigen, als umgekehrt nach unten abzusteigen; Gymnasiast/innen wird auch eine längere schulische Lernzeit zugestanden (12 bzw. 13 Jahre) als den Schüler/innen von Förder-, Haupt- und Realschulen.

Was hat diese Ungerechtigkeit des Bildungssystems mit der strukturellen und institutionellen Diskriminierung von Einwanderern zu tun? Um diese Frage zu beantworten, gehe ich im Weiteren davon aus, dass Lehrer/innen überwiegend in der Absicht handeln, niemanden benachteiligen zu wollen, dass also die anhaltende Bildungsbenachteiligung von Schüler/innen aus eingewanderten Familien nicht dadurch erklärt werden kann, dass auf Vorurteile und absichtsvoll benachteiligende Handlungen von Lehrer/innen hingewiesen wird. (Ausgeklammert wird hier also die durchaus auch wichtige Frage, in welchem Umfang es Vorurteile und diskriminierende Handlungen bei Lehrer/innen gibt.)

Gesellschaftspolitisch steht die Diskriminierung von migrantischen Schüler/innen in einem engen Zusammenhang mit der Geschichte und Gegenwart der deutschen Einwanderungspolitik: Seit den 1960er Jahren wurden, als damals sog. Gastarbeiter, gezielt gering qualifizierte Arbeitskräfte für die Industrie angeworben. Dies geschah in der Absicht, dass es sich nur um eine befristete Anwerbung von Arbeitskräften handeln sollte, die wieder in ihr Herkunftsland zurückkehren, wenn kein Bedarf mehr besteht. Entsprechend wurde politisch darauf verzichtet, eine dauerhafte Niederlassung vorzubereiten und die sprachliche und soziale Integration zu fördern. Auch wenn sich dies inzwischen zum Teil verändert hat, hat diese Zuwanderungspolitik bis heute wirksame Folgen: Der Anteil der Familien mit niedrigem formalen Bildungsniveau und mit niedrigen Einkommen ist überproportional hoch und ein erheblicher Teil der Kinder mit Migrationshintergrund wächst in Familien auf, in denen nur begrenzte Kenntnisse der deutschen Schriftsprache erworben werden können.

Eine zentrale Ursache der Benachteiligung von Migrant/innen im Bildungssystem ist deshalb in der sozial selektiven Zuwanderungspolitik und ihren Folgen zu sehen. Vereinfacht formuliert: Migrantische Schüler/innen sind von den gleichen Benachteiligungseffekten betroffen wie deutschstämmige Kinder aus Familien mit geringem Bildungs- und Einkommensniveau.

Institutionelle Diskriminierung geschieht darüber hinaus u. a. *erstens* dadurch, dass der besondere Förderungsbedarf, der im Fall migrantischer Schüler ggf. aus unzureichender Vertrautheit mit der deutschen Schriftsprache resultiert, weitgehend ignoriert wird; eine qualitativ hochwertige Sprachförderung findet nicht in ausreichendem Umfang statt. Zugleich werden sprachliche Fähigkeiten, die Schüler/innen aus Einwandererfamilien in ihrer Herkunftssprache erworben haben, gewöhnlich entwertet. Sie zählen schulisch nichts (außer im Sonderfall von englisch und französisch). Die unrealistische, aber institutionell verankerte Annahme, dass die in Deutschland lebenden Menschen ausreichende Deutschkenntnisse haben, ermöglicht auch den Verzicht darauf, mit Eltern in deren Herkunftssprache zu kommunizieren. *Zweitens* verwenden Schulen die Möglichkeit der Zuweisung auf unterschiedliche Schultypen, um im Rahmen ihrer Handlungsspielräume mit Anforderungen und Problemlagen umzugehen, die in einem Zusammenhang mit Migration stehen. Schüler/innen mit Migrationshintergrund werden schon in der Grundschule häufiger auf Sonder- und Förderschulen verwiesen; dies geschieht, indem – unter Bedingungen fehlender Sprachförderungsmöglichkeiten – unzureichende Kenntnisse der deutschen Sprache als generelle sprachliche Entwicklungsprobleme missverstanden werden.

*Drittens* setzen deutsche Schulen als Halbtagsschulen voraus, dass Schüler/innen zu Hause angemessene Bedingungen zum Lernen vorfinden und auf elterliche Unterstützungsleistungen zurückgreifen können. In der Folge werden Schüler/innen faktisch diskriminiert, deren Familien dem schulischen Idealbild der Familie, die in der Lage ist, nachmittags die Lernanstrengungen zu ermöglichen und zu unterstützen, nicht gerecht werden.

Dies kann dann *viertens* dazu führen, dass Lehrer/innen, und dies in guter Absicht, die schulischen Bildungsbemühungen migrantische Schüler/innen eher entmutigen als ermutigen: Bei – aus Sicht der Schule – schlechten häuslichen Voraussetzungen erscheint es dann z. B. als angemessen, eine(n) Schüler/in nicht durch eine Gymnasialempfehlung zu überfordern, obwohl seine/ihre Fähigkeiten dies zulassen würden.

Diese Beschreibung der schulischen Mechanismen institutioneller Diskriminierung ist nicht vollständig. Sie kann gleichwohl verdeutlichen, dass es nicht (bzw. nicht allein) die Vorurteile individueller Lehrer/innen sind, die zu Diskriminierung führen, sondern die in der Institution Schule gegebenen Rahmenbedingungen und die dort üblichen, gesellschaftlich akzeptierten Routinen und Praktiken.

Vergleichbare Formen institutioneller Diskriminierung finden sich in anderen gesellschaftlichen Teilbereichen (s. dazu die Beiträge in Hormel und Scherr 2010): Bei der Vergabe von Lehrstellen werden in kleineren Betrieben z. B. diejenigen Jugendlichen bevorzugt, deren Eltern und Geschwister die Verantwortlichen aus dem eigenen persönlichen Umfeld schon kennen, und das sind gewöhnlich Einheimische. Dies richtet sich nicht gegen Migrant/innen, sondern ist Folge sozialer Verpflichtungen und Rücksichtsnahmen. In Dienstleistungsbetrieben mit Kundenkontakt spielt das äußere Erscheinungsbild eine wichtige Rolle. Betriebe verweisen entsprechend auf die Erwartungen ihrer Kunden, um zu begründen, dass sie z. B. nicht bereit sind, eine kopftuchtragende Muslima einzustellen. Öffentliche Verwaltungen setzen vielfach eine Kenntnis der einschlägigen Verfahrensregeln und der deutschen Sprache als gegeben voraus und sind deshalb nicht in der Lage, angemessene Dienstleistungen für alle zu erbringen, die diese benötigen.

Von institutioneller Diskriminierung betroffen sind nicht allein Migrant/innen, sondern auch andere Gruppen. Körperlich Behinderte sind vielfach mit fehlenden baulichen und technischen Maßnahmen konfrontiert. Psychisch Kranke finden aufgrund von Unterversorgung keine zureichenden Behandlungschancen vor. Alte Menschen müssen aufgrund institutioneller Strukturen mit einer erheblichen Einschränkung ihrer Selbstbestimmungsmöglichkeiten in Heimen rechnen.

Eine genaue Analyse der unterschiedlichen Formen und Mechanismen liegt bislang nicht für alle Teilgruppen vor. Entsprechende Untersuchungen sowie ein diesbezügliches Problembewusstsein aller staatlichen, marktwirtschaftlichen und gemeinnützigen Institutionen sind aber unverzichtbar, um über die Kritik und Sanktionierung diskriminierender Äußerungen und Handlungen hinausgehen zu können.

# Maßnahmen gegen Diskriminierung: Fortschritte und Ausblendungen

8

Prinzipiell ist die Liste der Merkmale, die als Bezugspunkt für Diskriminierung bedeutsam sein können, offen und unabschließbar. Diskriminierung erfolgt jedoch nicht beliebig, sondern auf der Grundlage einer begrenzten Zahl von benennbaren Strukturen, Ideologien und Vorurteilen. Es wäre insofern ebenso falsch, von einer ganz allgemeinen Diskriminierungsbereitschaft auszugehen, wie von der Annahme, dass es doch ganz klar und offenkundig sei, wer von Diskriminierung betroffen ist.

Bereits die Allgemeine Erklärung der Menschenrechte von 1948 (AEDM), der zentrale Ausgangspunkt moderner Antidiskriminierungspolitik, enthält eine kluge Lösung dieses Problems. Dort werden ausdrücklich Diskriminierungsfälle benannt, die damals als zentral bedeutsam galten („Rasse", „Farbe", „Geschlecht", „Sprache", „Religion", „politische oder soziale Überzeugung", „nationale oder soziale Herkunft", „Vermögen", „Geburt" und „sonstiger Stand"). Vor dieser Auflistung wird aber zunächst formuliert: *„Jedermann hat Anspruch auf die in dieser Erklärung verkündeten Rechte und Freiheiten ohne irgendeine Unterscheidung, wie etwa nach ... ."* (AEDM, Art. 2)

Ohne irgendeine Unterscheidung sollen also die Menschenrechte gelten! Und damit wird offen gehalten, dass es Diskriminierungstatbestände gibt, die zum damaligen Zeitpunkt noch nicht als solche erkannt waren. Dies gilt ersichtlich für die Diskriminierung von Homosexuellen; diese galt bis in die 1970er Jahre hinein als moralisch gebotene und rechtlich zulässige Ungleichbehandlung, da Homosexualität noch nicht als legitime sexuelle Orientierung, sondern als Krankheit bzw. Straftat betrachtet wurde.

© Springer Fachmedien Wiesbaden 2016

A. Scherr, *Diskriminierung,* essentials, DOI 10.1007/978-3-658-10067-4_8

Auch ist in der AEDM, wie im deutschen Grundgesetz, noch naiv von „Rassen" die Rede. Die Einsicht, dass es Rassismus, aber keine Rassen gibt, hatte sich zum damaligen Zeitpunkt noch nicht durchgesetzt. Auch die Praxis der Rassentrennung galt in den USA noch nicht als Diskriminierung, sondern wurde mit der Formel „*seperated but equal*" (getrennt aber gleich) gerechtfertigt. Erst 1954 wurde dann die rassistische Trennung für verfassungswidrig erklärt; ihre nicht nur rechtliche, sondern auch faktische Überwindung war dann ein zentrales Ziel der Bürgerrechtsbewegung der 1950er und 1960er Jahre. (Nur am Rande sei angemerkt: Bis heute kann von einer vollständigen Aufhebung rassistischer Trennungslinien auch in den USA nicht die Rede sein; auch gegenwärtig noch gibt es „weiße" und „schwarze" Wohngebiete.)

Noch Anfang der 1990er war es in Deutschland nicht akzeptiert, von Rassismus zu sprechen. Die offene Feindseligkeit gegen Flüchtlinge wurde verharmlosend als Problem einer kleiner Gruppe sozial randständiger Jugendlicher gedeutet. Demgegenüber hat sich inzwischen die Einsicht durchgesetzt, dass Rassismus ein gesellschaftliches Problem darstellt, das auf in der sprichwörtlichen „Mitte der Gesellschaft" verankerte Mentalitäten verweist.

Können wir – im Hinblick auf diese und andere Entwicklungen – also einen anhaltenden Lernprozess beobachten, der zu einer zufriedenstellenden Ausweitung der politisch und rechtlich anerkannten Diskriminierungstatbestände geführt hat? Darf – jedenfalls dem Recht nach – gegenwärtig tatsächlich niemand mehr diskriminiert werden? Diese Fragen können leider nicht eindeutig positiv beantwortet werden.

Zwar ist die Überwindung von Diskriminierung inzwischen endlich als politische Aufgabe und rechtliche Herausforderung anerkannt. Den Anti-Diskriminierungsrichtlinien der Europäischen Union entsprechen rechtsverbindliche Gesetze wie das deutsche Allgemeine Gleichbehandlungsgesetz (AGG). Über die AEDM hinausgehend sind Diskriminierungen „*auf Grund einer Behinderung, des Alters oder der sexuellen Identität*" (AGG, § 1) dort als relevante Tatbestände benannt. Und auf europäischer und nationaler Ebene wurden Institutionen geschaffen, die mit der Beobachtung und Dokumentation von Diskriminierungstatbeständen und der Entwicklung von Gegenstrategien beauftragt sind (insbesondere: die European Agency for Human Rights FRA; die Antidiskriminierungsstelle des Bundes und das Deutsche Institut für Menschenrechte). Insofern sind also tatsächlich Fortschritte zu verzeichnen.

## 8.1   Zulässige und staatliche Diskriminierung

Allerdings fallen bei einem genauen Vergleich der zitierten Dokumente zwei durchaus symptomatische Einschränkungen gegenüber der AEDM auf: Das offene „wie etwa" der AEDM ist im AGG nicht mehr enthalten, und auch von „nationaler und sozialer Herkunft" ist dort nicht mehr die Rede. Gilt Diskriminierung aufgrund des sozialen Status sowie aufgrund der durch Geburt erworbenen Staatsangehörigkeit also im rechtlichen Sinn nicht als Diskriminierung, sondern als zulässige Ungleichbehandlung, und warum ist die der Fall?

Zunächst zur nationalen Herkunft und Staatsangehörigkeit: Festzustellen ist zunächst, dass die Europäische Gesetzgebung gegen Diskriminierung hierin einen Ausnahmetatbestand sieht: Die Ungleichbehandlung von Nicht-EU-Bürgern durch europäische Staaten wird dort als Problem benannt, aber ausdrücklich zugelassen. In der EU-Antidiskriminierungsrichtlinie (Richtlinie 2000/78/EG) wird formuliert:

> Diese Richtlinie betrifft nicht unterschiedliche Behandlungen aus Gründen der Staatsangehörigkeit und berührt nicht die Vorschriften und Bedingungen für die Einreise von Staatsangehörigen dritter Länder oder staatenlosen Personen in das Hoheitsgebiet der Mitgliedstaaten oder deren Aufenthalt in diesem Hoheitsgebiet sowie eine Behandlung, die sich aus der Rechtsstellung von Staatsangehörigen dritter Länder oder staatenlosen Personen ergibt.

Festzustellen ist weiter, dass diese – rechtlich zulässige – Ungleichbehandlung in drastischen Formen und mit dramatischen, vielfach tödlichen Folgen stattfindet:

- An einer legalen Einreise nach Europa werden Menschen aus den ärmeren Regionen der Welt durch die Verweigerung von Visa gehindert. Flüchtlinge werden durch massive Grenzsicherungsmaßnahmen daran gehindert, ohne gültige Dokumente einzureisen.
- Die Aktivitäten der EU, insbesondere der europäischen Grenzschutzagentur Frontex, haben faktisch dazu geführt, dass die Fluchtwege nach Europa zunehmend gefährlicher wurden. Mehrere Tausend Menschen sterben jährlich bei ihrem Versuch, nach Europa zu gelangen. Informierten Schätzungen zufolge sind seit dem Jahr 2000 über 23.000 Menschen bei ihrem Fluchtversuch nach Europa im Mittelmeer ertrunken.
- Wer gleichwohl nach Deutschland gelangt und beim Versuch scheitert, durch einen Asylantrag einen Aufenthaltsstatus zu erlangen, muss mit einer zwangsweisen Abschiebung in die Herkunftsregion rechnen. Im Jahr 2014 wurden über 10.000 Menschen aus Deutschland abgeschoben, ein großer Teil davon waren Roma aus Serbien und in den Kosovo. Selbst wenn gravierende Menschenrechtsverstöße zu befürchten sind, wird nicht immer aus humanitären Gesichtspunkten auf Abschiebungen verzichtet.

Die europäischen Staaten gehen – obwohl immer wieder die Menschenrechte als gemeinsame Wertegrundlage beansprucht werden – im Umgang mit Flüchtlingen faktisch von einem Vorrang nationaler Interessen gegenüber den Menschenrechten aus und diskriminieren auf dieser Grundlage zwischen Staatsbürgern unterschiedlicher Herkunft (etwa: aus EU-Staaten, den USA, der Türkei). Dieser Vorrang nationaler Interessen wird im deutschen Zuwanderungsgesetz auch ganz ausdrücklich formuliert. Dort heißt es zunächst:

> Dieses Gesetz dient der Steuerung und Begrenzung von Zuwanderung des Zuzugs von Ausländern in die Bundesrepublik Deutschland. Es ermöglicht und gestaltet Zuwanderung unter Berücksichtigung der Aufnahme- und Integrationsfähigkeit sowie der wirtschaftlichen und politischen Interessen der Bundesrepublik Deutschland. (§ 1)

Nicht die Gewährleistung von Menschenrechten und die Verhinderung von Diskriminierung, sondern politische und wirtschaftliche Interessen werden hier also als zentrale Ziele des Gesetzes genannt. Erst daran anschließend wird hinzugefügt:

> Das Gesetz dient zugleich der Erfüllung der humanitären Verpflichtungen der Bundesrepublik Deutschland. (§ 1)

Es ist hier nicht möglich, genauer darauf einzugehen, welche Einschränkungen dessen, was politisch unter den Interessen der Bundesrepublik Deutschland verstanden wird, rechtlich vorgesehen sind und was daraus folgt. Nähere Informationen hierzu finden sich im Internet auf den Seiten zivilgesellschaftlicher Organisationen (z. B.: Pro Asyl, Komitee für Grundrechte und Demokratie) sowie des Deutschen Instituts für Menschenrechte.

Festzustellen ist: Der in der AEDM und im Grundgesetz erklärte Vorrang der Würde jedes Menschen vor staatlichen Interessen wird weitgehend unterlaufen, indem das Recht von Staaten anerkannt wird, über den Zugang und den Aufenthalt auf ihrem Staatsgebiet in Abhängigkeit von staatlichen Interessen zu entscheiden. Diese folgenreiche Diskriminierungsmacht von Staaten wird durch menschenrechtliche Festlegungen nur in unzureichender Weise begrenzt.

Damit ist auf einen erheblichen Konflikt zwischen menschenrechtlicher Moral und nationalstaatlich gefassten Interessen hingewiesen. Dieser Konflikt ist unter Bedingungen enormer weltweiter Ungleichheiten nicht einfach auflösbar.

Es wäre unlauter, diesen Konflikt zwischen moralischen Ansprüchen und nationalstaatlichen Interessen zu verleugnen, in den jede/r, der mit gesichertem Aufenthaltsstatus in Deutschland lebt, zweifellos verstrickt ist. Denn dieser Konflikt stellt die Glaubwürdigkeit der Berufung auf die Menschenrechte massiv in Frage. Es ist gleichwohl auch nicht überzeugend, aus solchen Überlegungen die Forderung abzuleiten, auf jede staatliche Regulierung von Zuwanderung vollständig zu verzichten. Nimmt man den moralischen Anspruch der Antidiskriminierungspolitik ernst, dann ist jedoch eine tatsächlich umfassende Berücksichtigung humanitärer Gesichtspunkte bei der Regulierung von Zuwanderung und Aufenthalt jedoch zwingend einzufordern. Die Wiederherstellung eines angemessenen asylrechtlichen Schutzes für Flüchtlinge sowie die Etablierung einer Bleiberechtsregelung für diejenigen, die sich hierzulande seit Jahren aufhalten, wären hierzu wichtige Schritte. Zudem ist an die Entwicklungspolitik und die Außenpolitik die Forderung zu stellen, sich zentral an der Ermöglichung wirtschaftlich, politisch und rechtlich akzeptabler Lebensbedingungen in den Fluchtländern zu orientieren.

## 8.2   Und die Armut in den reichen Nationen?

Nicht nur aufgrund der weltweiten Ungleichheiten, die durch die Politik der wohlhabenden Nationalstaaten verfestigt werden, gilt: Diskriminierung lässt sich nicht unabhängig von sozialer Ungleichheit verstehen und überwinden. Denn auch die Armut von Staatsbürger/innen in den reichen Nationalstaaten stellt einen folgenreichen Grund für Diskriminierung dar:

Arme und Arbeitslose sind Adressaten von Vorurteilen, ihnen wird wiederkehrend fehlende Leistungswilligkeit und der arglistige Missbrauch von Sozialleistungen unterstellt. Für benachteiligte Jugendliche wird in Strafverfahren eine Tendenz zu kriminellen Karrieren angenommen. Dies führt wiederkehrend dazu, dass sie härter bestraft werden, als dies bei Jugendlichen aus gesicherten Verhältnissen bei gleichen Delikten der Fall ist. Bei der Bewerbung um Ausbildungsstellen und Arbeitsplätze sinken die Chancen deutlich, wenn die Absenderadresse aus einem Stadtteil mit einer hohen Armutsquote stammt. Die in den Hartz-IV-Gesetzen vorgenommen Festlegungen des zumutbaren Existenzminimums waren und sind wiederkehrend Gegenstand erfolgreicher Klagen, in denen erst durch gerichtliche Entscheidungen sozialrechtlich garantierte Leistungen eingefordert werden können. Auch dann reichen die Mittelzuweisungen oft nicht aus, um einen angemessenen Lebensstandard sicherzustellen. Und stellt es keinen Fall von Diskriminierung dar, wenn Schüler/innen aufgrund ihrer sozialen Herkunft darauf angewiesen sind, dass Kommunen oder Schulen ihnen ihr schulisches Mittagessen verbilligt zur Verfügung stellen? Warum werden die Auswirkungen von Armut auf die Bildungschancen von Kindern oder z. B. die Gesundheit von Kindern und Erwachsenen gewöhnlich nicht als skandalöse Diskriminierung betrachtet?

Armut besteht zudem nicht nur in Mängellagen, sie geht auch mit beschämenden Vorurteilen und mit diskriminierenden Praktiken einher. Auf Arme wird herabgesehen, Armut schändet. In der Konsumgesellschaft sind die Armen Fremde, die außerhalb der Normalität stehen. Weshalb ist Armut in den einschlägigen Dokumenten gleichwohl nicht als wichtiger Diskriminierungsgrund enthalten?

Im Hinblick auf diese Frage liegt es nahe anzunehmen, dass das politisch und rechtlich vorherrschende Verständnis von Diskriminierung den Tatbestand der sozialen Herkunft deshalb bewusst ausklammert, weil dort eine Infragestellung der wirtschaftlich verankerten Ungleichheiten vermieden werden soll. Zwischen den Folgen sozialer Ungleichheit und Formen von Diskriminierung ist in vielen Fällen jedoch nicht einfach zu unterscheiden. Deshalb ist die Ausklammerung von sozialer Herkunft und Armut aus dem Antidiskriminierungsrecht ebenso problematisch wie die gängige Arbeitsteilung zwischen Sozialpolitik einerseits und Antidiskriminierungspolitik andererseits.

Positiv formuliert: Die Überwindung von Diskriminierung und der Abbau sozialer Ungerechtigkeiten sind einander notwendig ergänzende und ineinander verschränkte Aufgaben.

Dies auch aus folgendem Grund: Je stärker soziale Ungleichheiten in einer Gesellschaft ausgeprägt sind, umso höher ist der Bedarf an Diskriminierung. Denn gravierende Ungleichheiten und damit einhergehende Benachteiligungen müssen akzeptabel gemacht werden. Dazu reicht der Verweis auf Unterschiede der Leistungsfähigkeit und Leistungsbereitschaft nicht aus. Deshalb ist es unter Bedingungen gravierender Ungleichheiten nützlich, wenn Teilgruppen der Bevölkerung in eine Kategorie eingeordnet werden können (z. B. „Ausländer", „Wirtschaftsflüchtlinge"), die ihre Benachteiligung als zulässig erscheinen lässt, da diskriminierende Sichtweisen sozial verbreitet sind.

Diskriminierung besteht in Unterscheidungen, die Benachteiligungen begründen und rechtfertigen. Je höher das gesellschaftliche Ausmaß von Ungleichheiten und Benachteiligungen ist, desto höher ist deshalb auch der Bedarf an Diskriminierungen.

# Folgerungen

Abschließend soll hier nicht versucht werden, eine bilanzierende Lehre aus den Erfolgen und Misserfolgen der Auseinandersetzungen um unterschiedliche Formen der Diskriminierung zu ziehen. Dies ist schon deshalb kaum möglich, weil es sich um ein breites Spektrum unterschiedlicher Bereiche handelt und schon die Frage, inwieweit es gelungen ist, gegen unterschiedliche Formen von Diskriminierung wirksam vorzugehen, keine einfachen Antworten zulässt. Ist es tatsächlich gelungen, Rassismus zu überwinden oder setzt er sich, etwa als Unterscheidung ethnischer Gruppen und als Antiislamismus in einer modernisierten Form fort? Welche Verbreitung haben antisemitische Tendenzen und wo ist die Grenze zwischen einer berechtigten Kritik der israelischen Regierung und einem Antisemitismus zu ziehen, der sich als solche Kritik tarnt? In welchem Maß ist die gesellschaftliche Gleichstellung von Frauen durchgesetzt und was ist erforderlich, um sie weiter voranzubringen? Was wäre nötig, um die Situation von Psychiatrieinsassen auf die Agenda der Antidiskriminierungspolitik zu setzen? Diese und ähnliche Fragen führen mitten hinein in kontroverse Einschätzungen und Debatten zwischen politischen und wissenschaftlichen Positionen.

Dennoch sind einige Hinweise meines Erachtens gut begründbar:

- Darin, dass die Überwindung unterschiedlicher Ausprägungen von Diskriminierung inzwischen in der Europäischen Union und auch in Deutschland als politische Aufgabe anerkannt wird, ist zweifellos ein Fortschritt zu sehen. Gleichwohl sind folgenreiche Blindstellen und Ausblendungen des staatlich-politischen und rechtlichen Antidiskriminierungsdiskurses nicht zu übersehen. Und auch für die dort anerkannten Diskriminierungstatbestände gilt: Es sind

© Springer Fachmedien Wiesbaden 2016
A. Scherr, *Diskriminierung,* essentials, DOI 10.1007/978-3-658-10067-4_9

noch erhebliche Anstrengungen erforderlich, um über eine bloße Rhetorik der Diskriminierungskritik hinaus zu gelangen, Anstrengungen, die nur dann erfolgreich sein werden, wenn auch bestehende institutionelle Strukturen in Frage gestellt werden.

- Mit der Verankerung des Diskriminierungsschutzes im europäischen und deutschen Recht wurden Möglichkeiten für Betroffene geschaffen, gerichtlich gegen Diskriminierung vorzugehen. Dies ist jedoch nur in Fällen aussichtsreich, in denen diskriminierende Entscheidungen und Festlegungen nachgewiesen werden können und ein diskriminierender Akteur (eine natürliche und juristische Person) verantwortlich gemacht werden kann. Zwar sieht das Recht auch die Möglichkeit vor, gegen mittelbare Diskriminierung durch *„dem Anschein nach neutrale Vorschriften, Kriterien oder Verfahren"* (AGG, § 3) vorzugehen. Dennoch sind die Möglichkeiten eines rechtlichen Vorgehens begrenzt. Sie reichen an Formen struktureller und institutioneller Diskriminierung kaum heran.
- Für die Kritik von Diskriminierung waren und sind soziale Bewegungen, zivilgesellschaftliche Initiativen, Projekte und Aktionen von zentraler Bedeutung. Denn es bedarf immer wieder des Drucks von unten, damit etablierte politische Akteure zur Auseinandersetzung mit Diskriminierung veranlasst werden. Und Strategien gegen Diskriminierung sind darauf verwiesen, dass ein weitverbreitetes gesellschaftliches Problembewusstsein entsteht. Dieses kann aber nicht einfach verordnet werden; vielmehr bedarf es vielfältiger Initiativen und Aktionen, die Lernprozesse anstoßen und vorantreiben. Zivilgesellschaftliche Initiativen, Projekte und Organisationen gegen Diskriminierung kann jede/r unterstützen und sich ggf. auch aktiv an ihnen beteiligen.
- Gesellschaftlich gewachsene Formen der strukturellen und institutionellen Diskriminierung erfordern politische Gegenmaßnahmen und Lernprozesse in Institutionen. So wird durch Konzepte der interkulturellen Öffnung kommunaler Verwaltung in einigen Städten versucht, die Diskriminierung von Migrant/innen und Minderheiten im Bereich der öffentlichen Verwaltung zu überwinden. Immer noch zu wenige, aber doch zahlreiche Schulen erkennen die Auseinandersetzung mit Rassismus und Rechtsextremismus als wichtigen Teil ihres Schulprogramms an. Hierin sind wichtige Ansatzpunkte zu sehen, deren Ausweitung auf andere Institutionen und Themenfelder anzustreben ist.
- Die Auseinandersetzung mit Diskriminierung ist jedoch keine Aufgabe, die an dafür zuständige Expert/innen und Organisationen delegiert werden kann. Dies gilt insbesondere im Hinblick auf diskriminierende Äußerungen, Handlungen und Festlegungen, die im eigenen Alltag, z. B. im beruflichen Tätigkeitsbereich, im privaten Umfeld und in der Öffentlichkeit beobachtbar sind. Darauf bezogen ist es möglich, sich zu sensibilisieren, und die eigene Wahrnehmungs-

fähigkeit zu stärken sowie Stellung zu beziehen. In zentralen gesellschaftlichen Organisationen – in Betrieben, Kindergärten, Schulen, Hochschulen, Gewerkschaften, Parteien, Kirchen, Vereinen und Verbänden – gilt es, die Diskriminierungsthematik als Herausforderung für die eigene Praxis ernst zu nehmen. Diesbezüglich ist jede/r aufgefordert, seine Einflussmöglichkeiten zu nutzen.

- Eine eigenständige und wichtige Rolle kommt den gesellschaftlichen Bildungseinrichtungen zu: Ein Verständnis der Menschenrechte und des für die Menschenrechte grundlegenden Diskriminierungsverbots ist nicht zuletzt in der schulischen, hochschulischen und beruflichen Bildung zu verankern, damit es allen Heranwachsenden zugänglich wird. Kindergärten, Schulen und Hochschulen wären dazu in einer Weise zu gestalten, die dazu führt, dass sie als Orte eines gleichberechtigten Zusammenlebens erfahrbar sind. Dies erfordert eine Bildungsreform, in deren Zentrum nicht die Erfordernisse der Ökonomie, sondern die Bildung für eine demokratische und menschenrechtlich zu gestaltende Gesellschaft steht.

Sozialer Fortschritt besteht, so der amerikanische Philosoph Richard Rorty (2003, S. 261), *„in der zunehmenden Fähigkeit zu erkennen, dass die Ähnlichkeiten zwischen uns selbst und ganz andersartigen Leuten die Unterschiede wettmachen"*. Damit ist auf eine wichtige Perspektive der Kritik von Diskriminierung hingewiesen: Es geht darum zu lernen, Andere als Gleiche anzuerkennen, den Glauben daran zu verlieren, dass Unterschiede Abwertung und Benachteiligung rechtfertigen. Für ein darauf gerichtetes Lernen genügt es nicht, an rationale Einsicht und an Mitgefühl zu appellieren. Erforderlich ist zudem eine gerechte Gestaltung gesellschaftlicher Institutionen, die jedem angemessene Teilhabechancen ermöglicht. Denn solange ungerechte Privilegien und Benachteiligungen existieren, besteht ein Bedarf an diskriminierenden Praktiken und ihrer Rechtfertigung.

# Was Sie aus diesem Essential mitnehmen können

- Verständnis des Zusammenhanges von Diskriminierung mit sozialen Konflikte und sozialen Ungleichheiten;
- Ein über individuelle Vorurteile und Handlungen hinausgehende Betrachtung von Diskriminierung, der Bedeutung von Strukturen, Organisationen und Institutionen;
- Sensibilisierung für unterschiedliche Formen von Diskriminierung;
- Informationen über Erfordernisse politischer, medialer und pädagogische Konzepte.

© Springer Fachmedien Wiesbaden 2016
A. Scherr, *Diskriminierung*, essentials, DOI 10.1007/978-3-658-10067-4

# Literaturverzeichnis/Zum Weiterlesen


Decker, Oliver u. a. (2008): Ein Blick in die Mitte. Bonn

Elias, Norbert/Scotson, John L. (1993): Etablierte und Außenseiter. Frankfurt/M.

Gomolla, Mechthild/Radtke, Frank-Olaf (2009³): Institutionelle Diskriminierung. Wiesbaden

Heitmeyer, Wilhelm (Hrsg.) (2012): Deutsche Zustände. Folge 10. Frankfurt/M.

Hormel, Ulrike/Scherr, Albert (2010) (Hrsg.): Diskriminierung. Grundlagen und Forschungsergebnisse. Wiesbaden

Merton, Robert K. (1948/2010): Die self-fulfilling prophecy. In: Sighard Neckel u. a. (Hg.): Sternstunden der Soziologie. Frankfurt/New York, S. 88–107

Rorty, Richard (2003): Wahrheit und Fortschritt. Frankfurt

Scherr, Albert (2014): Diskriminierung und soziale Ungleichheiten. Wiesbaden

Scherr, Albert/Janz, Caroline/Müller, Stefan (2015): Diskriminierung in der beruflichen Bildung. Wiesbaden

Schütz, Alfred (1957/2011): Gleichheit und die Sinnstruktur der sozialen Welt. In: Alfred Schütz Werkausgabe, Bd. VI,2. Konstanz, S. 171–238

Sinus-Institut (2008): Diskriminierung im Alltag. Baden-Baden

Zick, Andreas/Klein, Anna (2014): Fragile Mitte. Feindselige Zustände. Bonn


## Ausgewählte Internetadressen


Antidiskriminierungsstelle des Bundes: www.antidiskriminierungsstelle.de/

Bundeszentrale für politische Bildung: www.bpd.de

Deutsches Institut für Menschenrechte: www.institut-fuer-menschenrechte.de

Europäische Grundrechteagentur: www.fra.europa.eu

Für Vielfalt, gegen Gewalt: www.vielfalt-statt-gewalt.de

Komitee für Grundrechte und Demokratie: www.grundrechtekomitee.de

Netz gegen Nazis: www.netz-gegen-nazis.de

Netzwerk Flüchtlingsforschung: http://fluechtlingsforschung.net/

Pro Asyl: www.proasyl.de



© Springer Fachmedien Wiesbaden 2016

A. Scherr, *Diskriminierung*, essentials, DOI 10.1007/978-3-658-10067-4

MIX
Papier aus verantwortungsvollen Quellen
Paper from responsible sources
FSC® C105338
FSC
www.fsc.org

If you have any concerns about our products,
you can contact us on
**ProductSafety@springernature.com**

In case Publisher is established outside the EU,
the EU authorized representative is:
**Springer Nature Customer Service Center GmbH
Europaplatz 3, 69115 Heidelberg, Germany**

Printed by Libri Plureos GmbH
in Hamburg, Germany